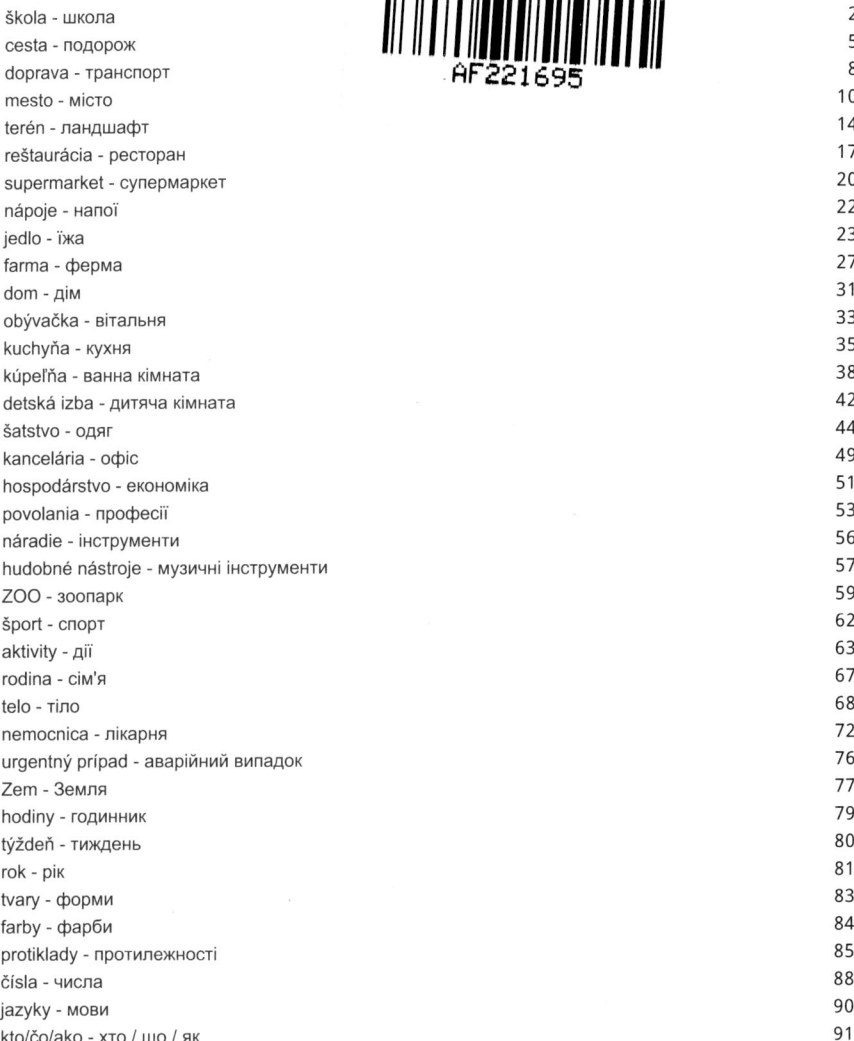

Impressum
Verlag: BABADADA GmbH, Nedderfeld 112 , 22529 Hamburg
Geschäftsführer / Verlagsleitung: Harald Hof
Druck: Books on Demand GmbH, In de Tarpen 42, 22848 Norderstedt

Imprint
Publisher: BABADADA GmbH, Nedderfeld 112 , 22529 Hamburg, Germany
Managing Director / Publishing direction: Harald Hof
Print: Books on Demand GmbH, In de Tarpen 42, 22848 Norderstedt, Germany

# škola

# школа

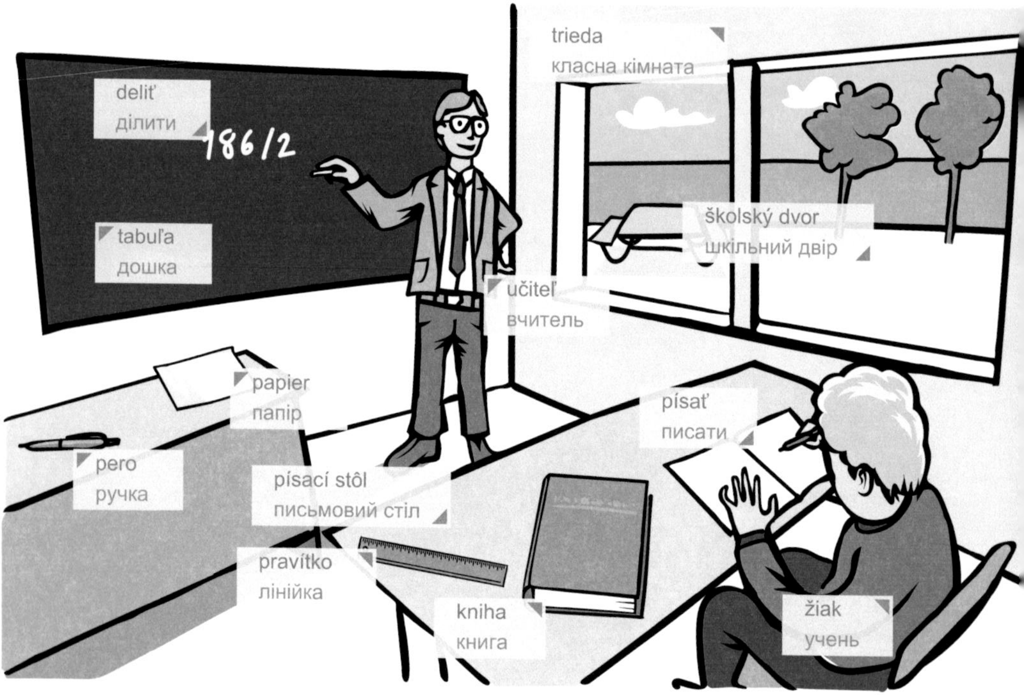
trieda
класна кімната
deliť
ділити
186/2
tabuľa
дошка
školský dvor
шкільний двір
učiteľ
вчитель
papier
папір
písať
писати
pero
ручка
písací stôl
письмовий стіл
pravítko
лінійка
kniha
книга
žiak
учень

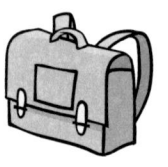

školská taška

ранець

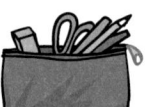

peračník

пенал

ceruza

олівець

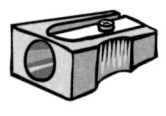

strúhadlo na ceruzky

точило

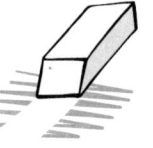

guma

гумка

skicár

альбом для малювання

kresba

малюнок

štetec

пензель

vodové farby

коробка фарб

nožnice

ножиці

lepidlo

клей

cvičný zošit

зошит

domáca úloha

домашнє завдання

číslo

число

sčítať

додавати

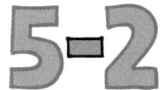

odčítať

віднімати

násobiť

множити

počítať

рахувати

písmeno

літера

abeceda

абетка

slovo

слово

text

текст

čítať

читати

krieda

крейда

hodina

година

triedna kniha

класний журнал

skúška

екзамен

certifikát

диплом

školská uniforma

шкільна форма

vzdelanie

освіта

encyklopédia

лексикон

univerzita

університет

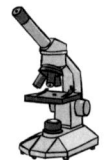

mikroskop

мікроскоп

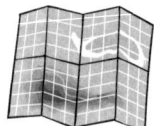

mapa

карта

kôš na papier

кошик для паперу

# cesta
# подорож

hotel
готель
Grand
nocľaháreň
турбаза
ROOMS
zmenáreň
обмінний пункт
kufor
валіза
auto
автомобіль

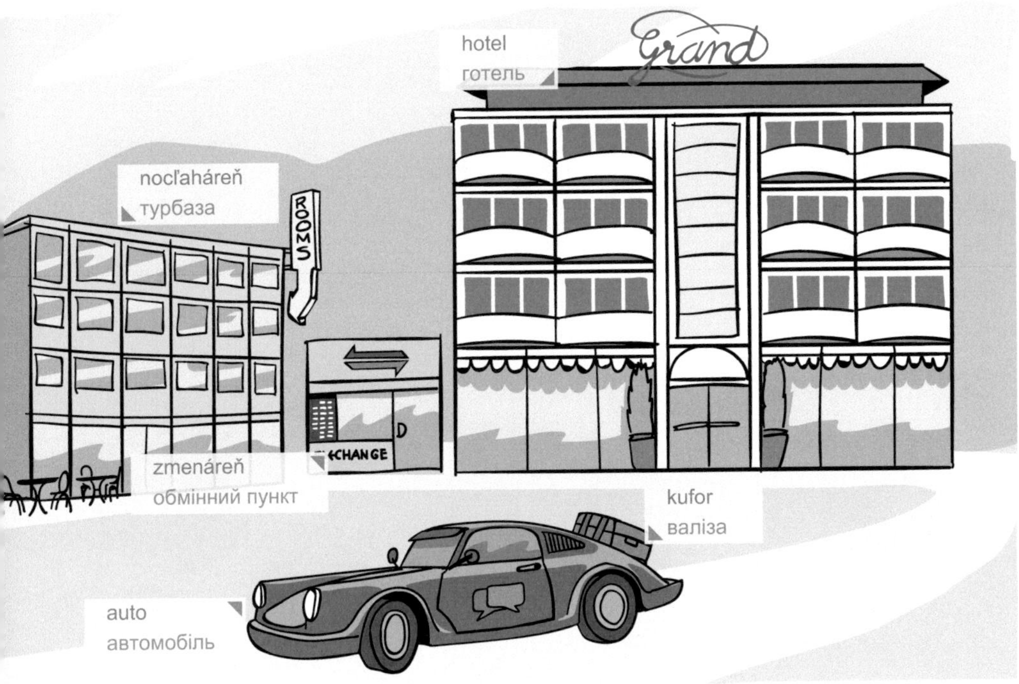

jazyk

мова

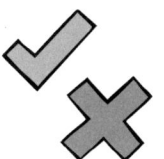

áno/nie

так / ні

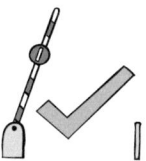

v poriadku

добре

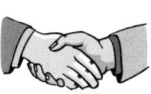

ahoj

привіт

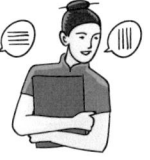

prekladateľ

перекладач

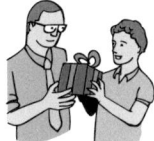

ďakujem

дякую

Koľko stojí ... ?

Скільки коштує ...?

Nerozumiem

Я не розумію

problém

проблема

Dobrý večer!

Добрий вечір!

Dobré ráno!

Доброго ранку!

Dobrú noc!

На добраніч!

Dovidenia

До побачення

smer

напрямок

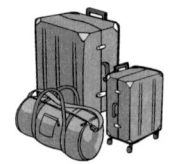

batožina

багаж

taška

сумка

batoh

рюкзак

hosť

гість

izba

кімната

spacák

спальний мішок

stan

намет

informácie pre turistov

туристична інформація

pláž

пляж

kreditná karta

кредитна картка

raňajky

сніданок

obed

обід

večera

вечеря

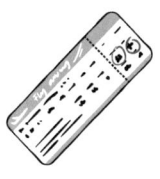

cestovný lístok

квиток

výťah

ліфт

poštová známka

поштова марка

hranica

межа

clo

митниця

veľvyslanectvo

посольство

vízum

віза

cestovný pas

паспорт

# doprava
# транспорт

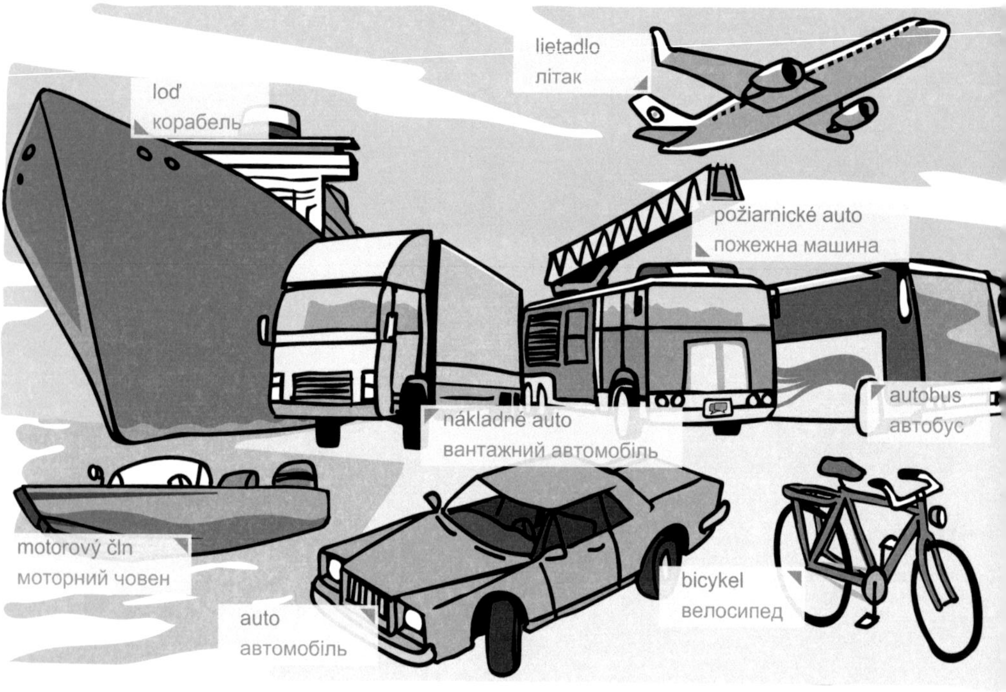

lietadlo
літак
loď
корабель
požiarnické auto
пожежна машина
nákladné auto
вантажний автомобіль
autobus
автобус
motorový čln
моторний човен
bicykel
велосипед
auto
автомобіль


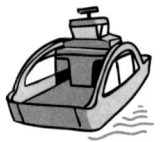

trajekt

пором

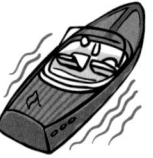

loď

човен

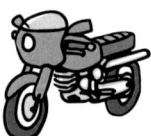

motorka

мотоцикл

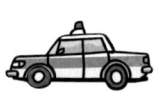

policajné auto

поліцейська машина

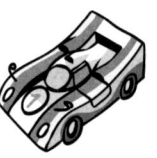

pretekárske auto

гоночний автомобіль

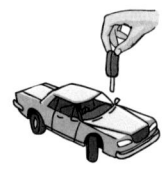

vozidlo z požičovne

автомобіль на прокат

carsharing

спільне користування авто

odťahové auto

евакуатор

smetiarske auto

сміттєвоз

motor

двигун

benzín

паливо

čerpacia stanica

автозаправна станція

dopravná značka

дорожній знак

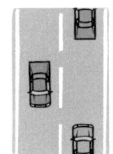

premávka

рух

zápcha

затор

parkovisko

стоянка

vlaková stanica

вокзал

trate

рейки

vlak

потяг

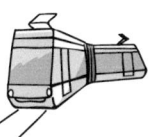

električka

трамвай

vagón

вагон

helikoptéra

гелікоптер

letisko

аеропорт

veža

вежа

pasažier

пасажир

kontajner

контейнер

kartón

коробка

vozík

візок

kôš

кошик

štartovať / pristáť

стартувати / приземлятися

## mesto
## місто

dedina

село

centrum mesta

центр міста

dom

дім

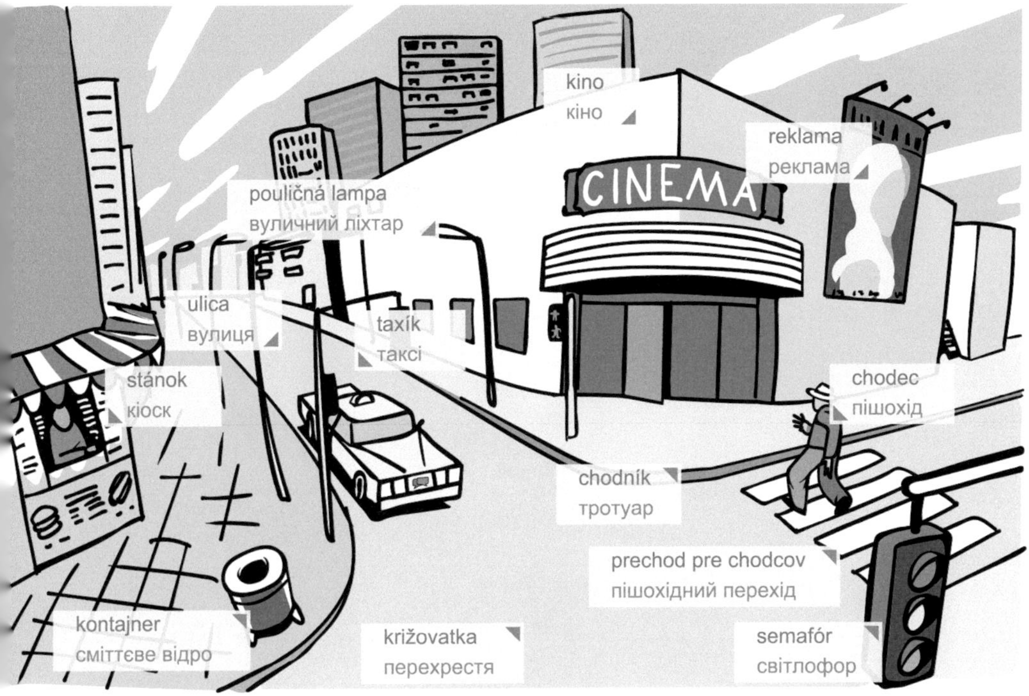

kino
кіно
reklama
реклама
CINEMA
pouličná lampa
вуличний ліхтар
ulica
вулиця
taxík
таксі
stánok
кіоск
chodec
пішохід
chodník
тротуар
prechod pre chodcov
пішохідний перехід
kontajner
сміттєве відро
križovatka
перехрестя
semafór
світлофор

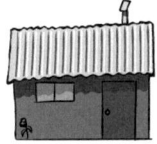

chata

хатина

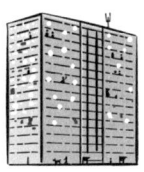

byt

квартира

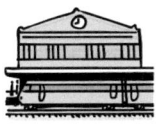

vlaková stanica

вокзал

radnica

ратуша

MUSEUM

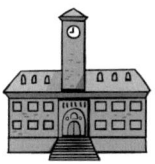

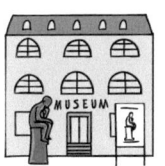

múzeum

музей

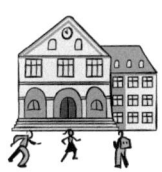

škola

школа

univerzita

університет

banka

банк

nemocnica

лікарня

hotel

готель

lekáreň

аптека

kancelária

офіс

kníhkupectvo

книжковий магазин

obchod

магазин

kvetinárstvo

квітковий магазин

supermarket

супермаркет

trh

ринок

obchodný dom

універмаг

obchodník s rybami

торговець рибою

nákupné stredisko

торговельний центр

prístav

гавань

park

парк

lavička

лава

most

міст

schody

сходи

metro

метро

tunel

тунель

autobusová zastávka

автобусна зупинка

bar

бар

reštaurácia

ресторан

poštová schránka

поштова скринька

tabuľa s názvom ulice

вулична табличка

parkovacie hodiny

лічильник паркування

ZOO

зоопарк

plaváreň

басейн

mešita

мечеть

farma

ферма

znečisťovanie životného prostredia

забруднення навколишнього середовища

cintorín

кладовище

kostol

церква

ihrisko

дитячий майданчик

chrám

храм

## terén

## ландшафт

list
листок

smerová tabuľa
вказівний стовп

cesta
шлях

lúka
луг

kameň
камінь

turista
мандрівник

strom
дерево

rieka
річка

tráva
трава

kvet
квітка

dolina

долина

kopec

гора

jazero

озеро

les

ліс

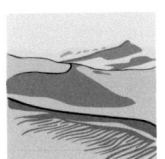

púšť

пустеля

vulkán

вулкан

zámok

замок

dúha

веселка

hríb

гриб

palma

пальма

komár

комар

mucha

муха

mravec

мурашка

včela

бджола

pavúk

павук

chrobák

жук

žaba

жаба

veverička

вивірка

jež

їжак

zajac

заєць

sova

сова

vták

птах

labuť

лебідь

diviak

кабан

jeleň

олень

los

лось

hrádza

гребля

veterná turbína

вітряк

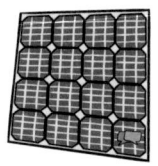

solárny panel

сонячний модуль

podnebie

клімат

# reštaurácia

# ресторан

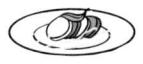

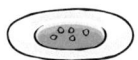

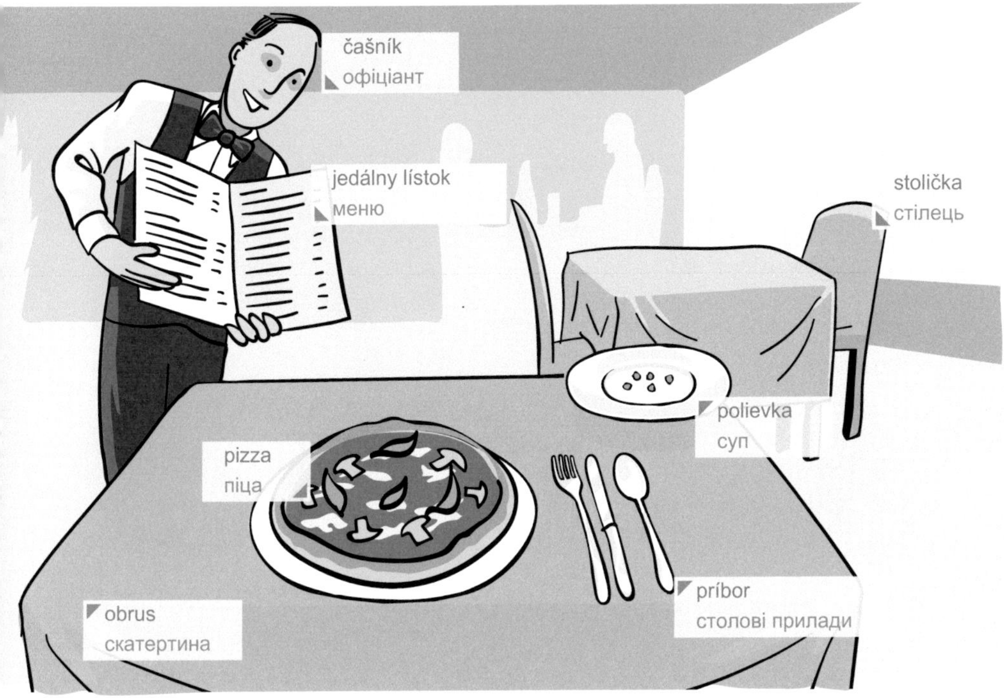
čašník
офіціант
jedálny lístok
меню
stolička
стілець
polievka
суп
pizza
піца
príbor
столові прилади
obrus
скатертина

predjedlo

закуска

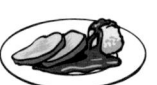

hlavné jedlo

друга страва

zákusok

десерт

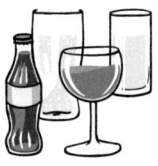

nápoje

напої

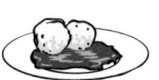

jedlo

їжа

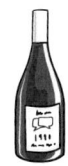

fľaša

пляшка

fast-food

фаст-фуд

street food

вулична їжа

kanvica na čaj

чайник

cukornička

цукорниця

porcia

порція

stroj na espresso

еспресо-машина

detská stolička

високий стільчик

účet

рахунок

podnos

піднос

nôž

ніж

vidlička

вилка

lyžica

ложка

čajová lyžička

чайна ложка

obrúsok

серветка

pohár

склянка

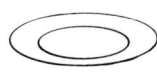

tanier

тарілка

hlboký tanier

тарілка для супу

podšálka

блюдце

omáčka

соус

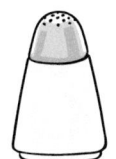

soľnička

солонка

mlynček na korenie

млин для перцю

ocot

оцет

olej

масло

korenie

спеції

kečup

кетчуп

horčica

гірчиця

majonéza

майонез

# supermarket
# супермаркет

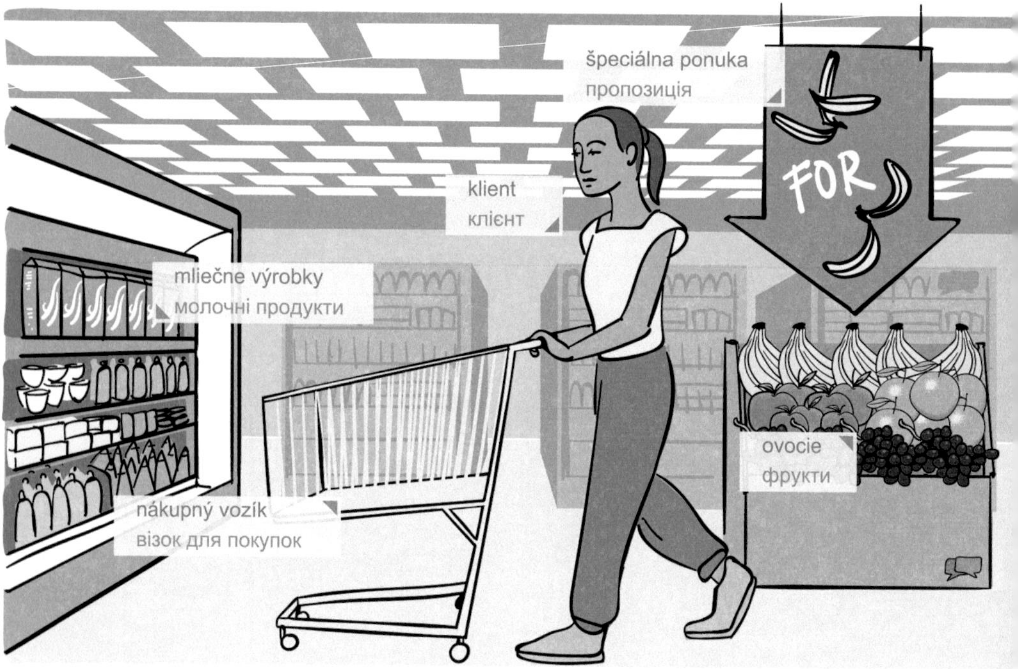

špeciálna ponuka
пропозиція
klient
клієнт
FOR
mliečne výrobky
молочні продукти
ovocie
фрукти
nákupný vozík
візок для покупок


BUTCHERS


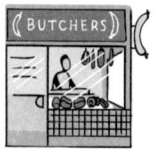

mäsiarstvo

м'ясний магазин

BAKERY


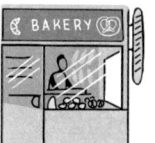

pekáreň

пекарня

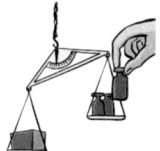

vážiť

зважувати

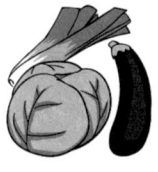

zelenina

овочі

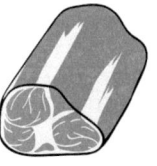

mäso

м'ясо

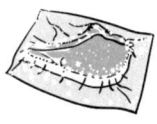

mrazené potraviny

заморожені продукти

nárez

ковбасна нарізка

konzervy

консерви

prací prostriedok

пральний порошок

sladkosti

солодощи

domáce potreby

предмети домашнього побуту

čistiace prostriedky

мийний засіб

predavačka

продавщиця

pokladňa

каса

pokladník

касир

nákupný zoznam

список покупок

otváracie hodiny

часи роботи

peňaženka

гаманець

kreditná karta

кредитна картка

taška

сумка

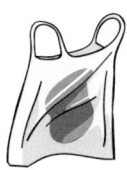

plastové vrecko

поліетиленовий пакет

voda

вода

džús

сік

mlieko

молоко

kola

кола

víno

вино

pivo

пиво

alkohol

алкоголь

kakao

какао

čaj

чай

káva

кава

espresso

еспресо

kapučíno

капучіно

banán

банан

jablko

яблуко

pomaranč

апельсин

melón

кавун

citrón

лимон

mrkva

морква

cesnak

часник

bambus

бамбук

cibuľa

цибуля

hríb

гриб

orechy

горішки

rezance

локшина

špagety

спагеті

ryža

рис

šalát

салат

hranolky

картопля фрі

pečené zemiaky

смажена картопля

pizza

піца

hamburger

гамбургер

obložený chlebík

бутерброд

rezeň

шніцель

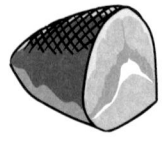

šunka

шинка

saláma

салямі

klobása

ковбаса

kurča

курка

pečené mäso

печеня

ryba

риба

ovsené vločky

вівсяні пластівці

müsli

мюслі

kukuričné lupienky

кукурудзяні пластівці

múka

борошно

croissant

круасан

pečivo

булочка

chlieb

хліб

hrianka

тостовий хліб

sušienky

печиво

maslo

масло

tvaroh

сир

koláč

пиріг

vajce

яйце

volské oko

яєчня

syr

сир

zmrzlina

морозиво

cukor

цукор

med

мед

lekvár

мармелад

nugátová nátierka

нуга-крем

karí korenie

карі

# farma
# ферма

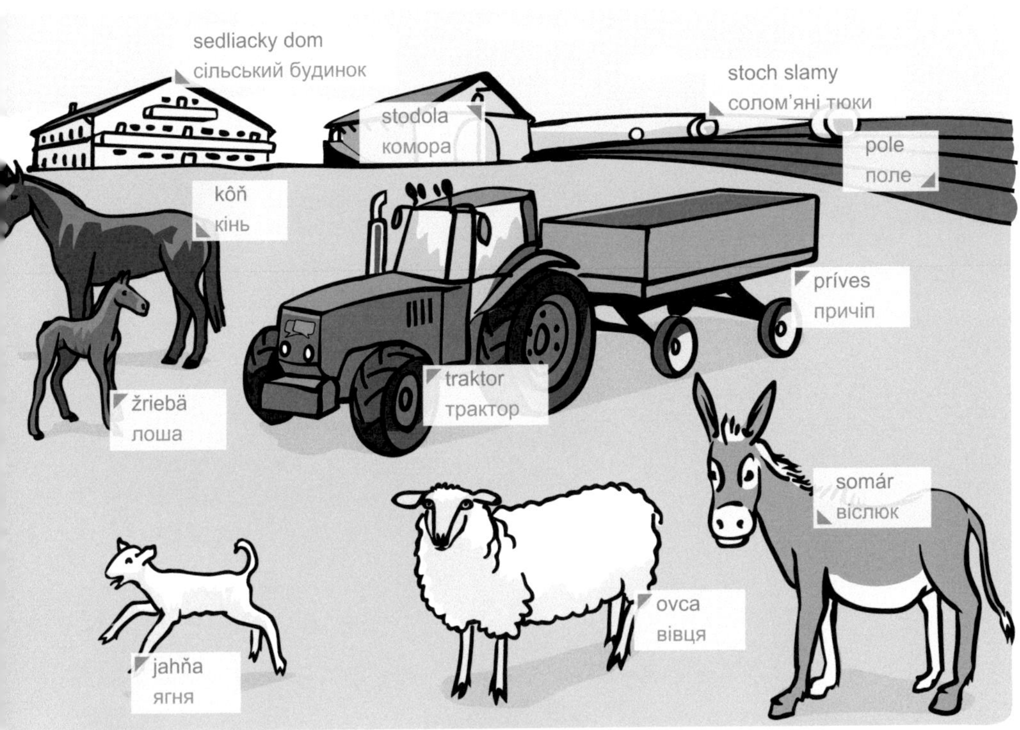
sedliacky dom
сільський будинок
stodola
комора
stoch slamy
солом'яні тюки
pole
поле
kôň
кінь
príves
причіп
žriebä
лоша
traktor
трактор
somár
віслюк
ovca
вівця
jahňa
ягня

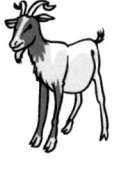

koza
коза

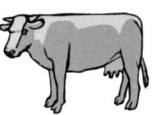

krava
корова

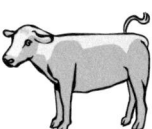

teľa
теля

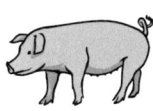

prasa
свиня

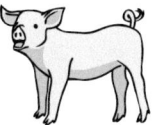

prasiatko
порося

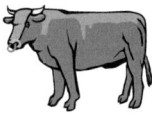

býk
бик

hus

гусак

kačica

качка

kuriatko

курча

sliepka

курка

kohút

півень

potkan

щур

mačka

кіт

myš

миша

vôl

віл

pes

собака

psia búda

собача будка

záhradná hadica

садовий шланг

krhla

лійка

kosa

коса

pluh

плуг

kosák

серп

motyka

мотика

vidly na hnoj

вила

sekera

сокира

fúrik

тачка

koryto

корито

kanva na mlieko

бідон молока

vrece

мішок

plot

паркан

maštaľ

хлів

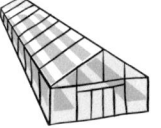

skleník

теплиця

pôda

ґрунт

osivo

насіння

hnojivo

добриво

kombajn

комбайн

**žať**

пожинати

**žatva**

урожай

**batát**

корінь ямсу

**pšenica**

пшениця

**sója**

соя

**zemiak**

картопля

**kukurica**

кукурудза

**repka**

ріпак

**ovocný strom**

плодове дерево

**maniok**

маніок

**obilie**

злаки

komín
димохід

strecha
дах

dažďový odkvap
водостічний лоток

okno
вікно

garáž
гараж

zvonček
дзвінок

dvere
двері

odpadkový kôš
відро для сміття

poštová schránka
поштова скринька

záhrada
сад

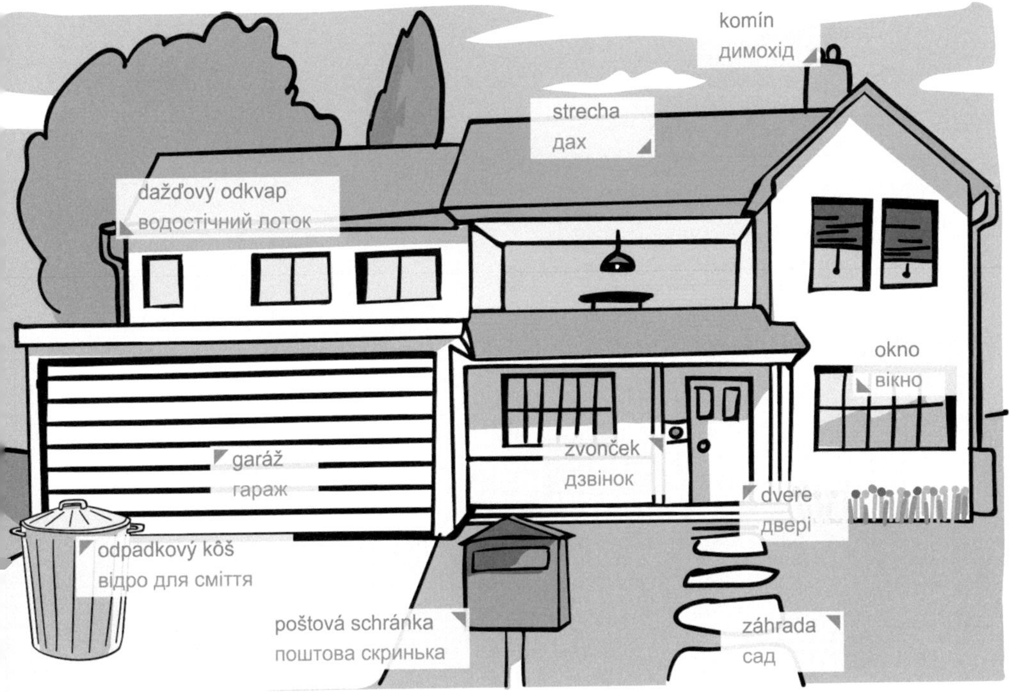

obývačka

вітальня

kúpeľňa

ванна кімната

kuchyňa

кухня

spálňa

спальня

detská izba

дитяча кімната

jedáleň

їдальня

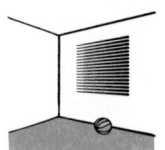

podlaha

підлога

stena

стіна

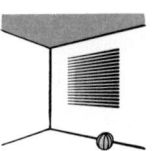

strop

стеля

pivnica

підвал

sauna

сауна

balkón

балкон

terasa

тераса

bazén

басейн

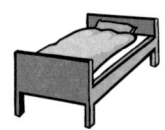

kosačka

косарка

obliečka

простирало

posteľná prikrývka

ковдра

posteľ

ліжко

metla

мітла

vedro

відро

vypínač

перемикач

dom - дім

# obývačka

# вітальня

tapeta
шпалери
obraz
малюнок
lampa
лампа
regál
поличка
skriňa
шафа
televízor
телевізор
kozub
камін
kvet
квітка
vankúš
подушка
pohovka
диван
váza
ваза
diaľkové ovládanie
пульт

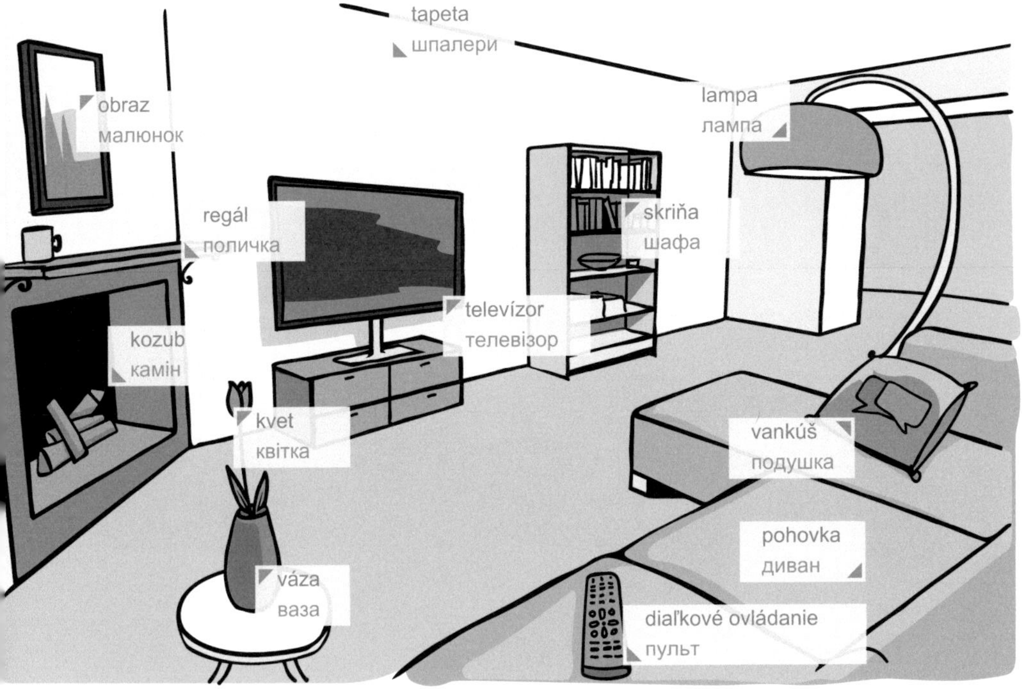

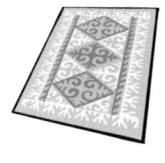

koberec
килим

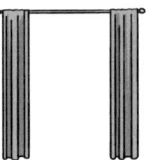

záclona
завіса

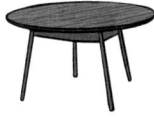

stôl
стіл

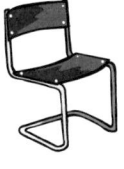

stolička
стілець

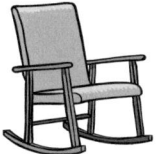

hojdacie kreslo
крісло-гойдалка

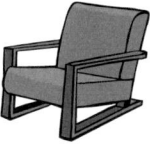

kreslo
крісло

kniha

книга

prikrývka

ковдра

dekorácia

прикраса

drevo na kúrenie

дрова

film

фільм

hi-fi veža

стереосистема

kľúč

ключ

noviny

газета

maľba

картина

plagát

плакат

rádio

радіо

zápisník

блокнот

vysávač

пилосос

kaktus

кактус

sviečka

свічка

# kuchyňa
# кухня

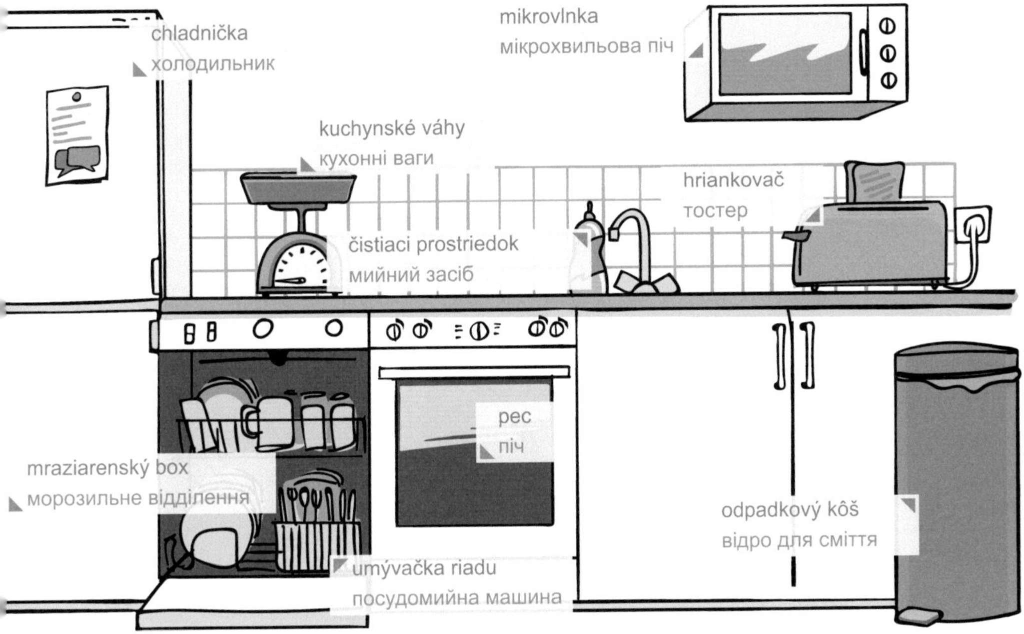

chladnička
холодильник
mikrovlnka
мікрохвильова піч
kuchynské váhy
кухонні ваги
hriankovač
тостер
čistiaci prostriedok
мийний засіб
pec
піч
mraziarenský box
морозильне відділення
odpadkový kôš
відро для сміття
umývačka riadu
посудомийна машина


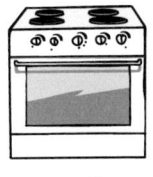

sporák
плита

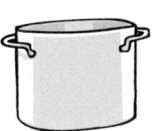

hrniec
горщик

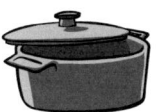

železný hrniec
чавунний горщик

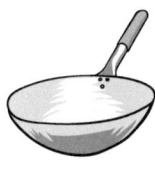

wok / kadai
вок / кадай

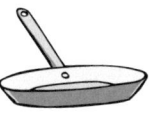

panvica
сковорода

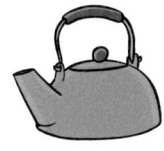

rýchlovarná kanvica
чайник

parný hrniec

пароварка

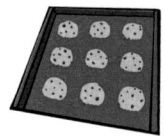

plech na pečenie

лист

riad

посуд

pohár

кухоль

misa

чаша

paličky

палички для їжі

naberačka na polievku

черпак

stierka

лопатка

metlička

вінчик для збивання

cedidlo

сито

sitko

сито

strúhadlo

терка

mažiar

ступка

gril

барбекю

ohnisko

багаття

doska na krájanie

дошка

valček na cesto

качалка

vývrtka

штопор

konzerva

конзерва

otvárač na konzervy

відкривачка

chňapka

прихватки

výlevka

раковина

kefa

щітка

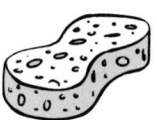

hubka

губка

mixér

міксер

mraznička

морозильна камера

kojenecká fľaša

дитяча пляшка

vodovodný kohútik

кран

# kúpeľňa
## ванна кімната

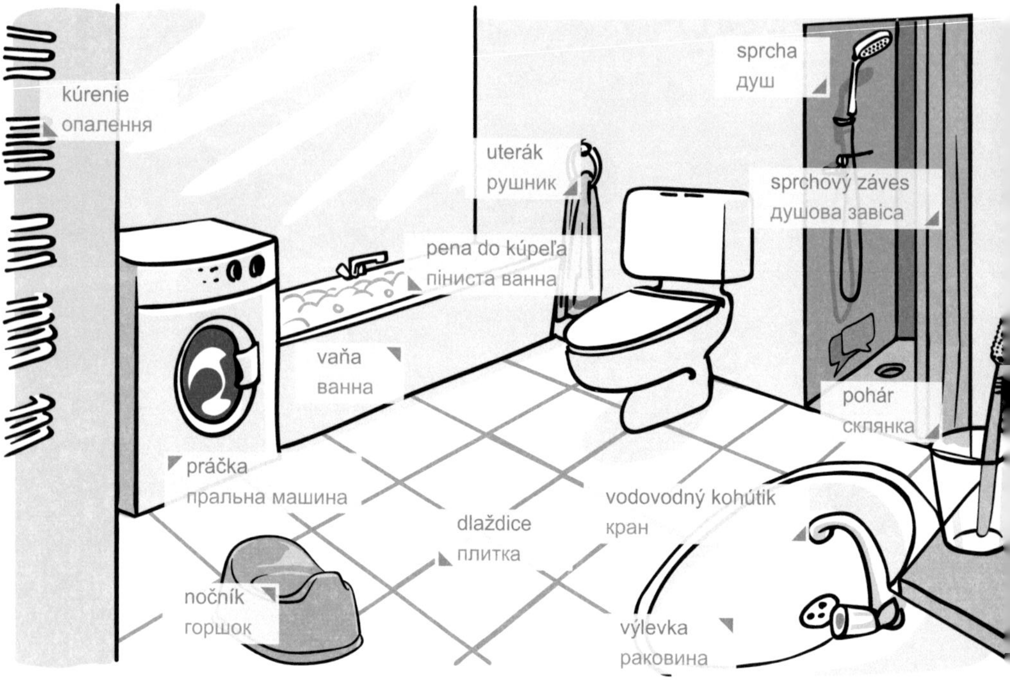

kúrenie
опалення

sprcha
душ

uterák
рушник

sprchový záves
душова завіса

pena do kúpeľa
піниста ванна

vaňa
ванна

pohár
склянка

práčka
пральна машина

vodovodný kohútik
кран

dlaždice
плитка

nočník
горшок

výlevka
раковина

záchod

туалет

suchý záchod

підлоговий туалет

bidet

біде

pisoár

пісуар

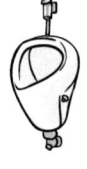

toaletný papier

туалетний папір

záchodová kefa

щітка для туалету

zubná kefka

зубна щітка

zubná pasta

зубна паста

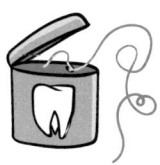

dentálna niť

нитка для чищення зубів

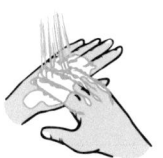

umývať

мити

ručná sprcha

ручний душ

sprcha pre intímnu hygienu

інтимний душ

umývadlo

таз

kefa na chrbát

щітка для спини

mydlo

мило

sprchový gél

гель для душу

šampón

шампунь

frotírová rukavica

мочалка

odtok

водостік

krém

крем

dezodorant

дезодорант

zrkadlo

дзеркало

kozmetické zrkadlo

косметичне дзеркало

žiletka

бритва

pena na holenie

піна для гоління

voda po holení

лосьйон після гоління

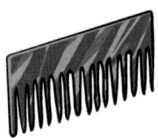

hrebeň

гребінь

kefa

щітка

sušič vlasov

фен

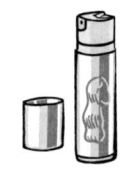

sprej na vlasy

лак для волосся

make-up

косметика

rúž

губна помада

lak na nechty

лак для нігтів

vata

вата

nožnice na nechty

ножиці для нігтів

parfum

парфум

kozmetická taška

косметичка

stolček

табурет

váha

ваги

kúpací plášť

халат

gumové rukavice

гумові рукавички

tampón

тампон

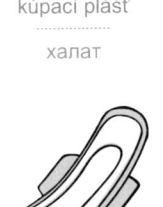

menštruačná vložka

гігієнічні прокладки

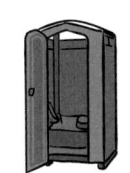

chemické WC

біотуалет

# detská izba
## дитяча кімната

budík
будильник
plyšová hračka
м'яка іграшка
hračkárske auto
іграшковий автомобіль
hrkálka
брязкальце
domček pre bábiky
ляльковий будиночок
dar
подарунок

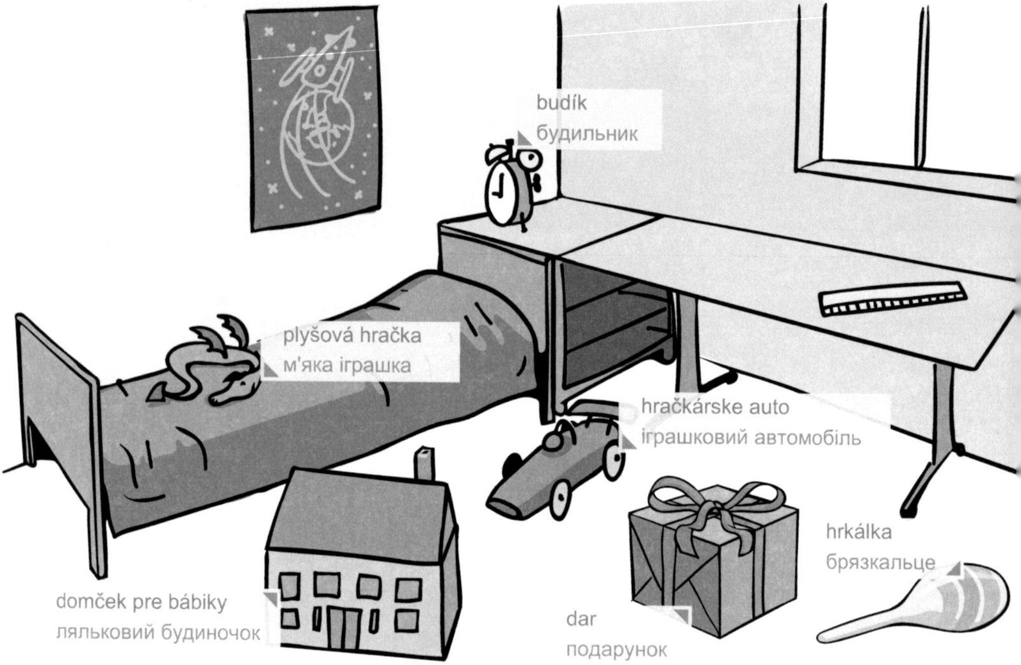

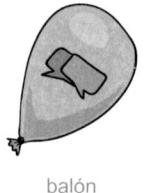

balón

повітряна кулька

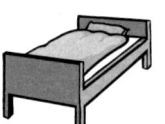

posteľ

ліжко

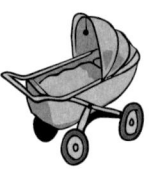

detský kočík

дитячий візок

karty

картярська гра

puzzle

пазл

SUPER MEGA

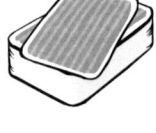

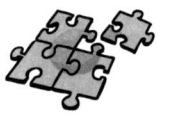

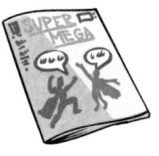

komix

комікс

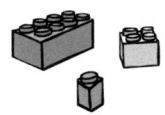

skladačka lego

лего цеглинки

stavebnica

блоки

akčná postavička

іграшкова фігурка

dupačky

повзунки

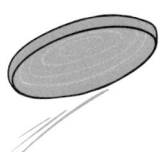

lietajúci tanier

фризбі

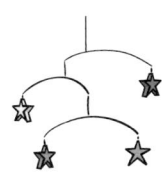

závesné hračky

мобіле

stolová hra

настільна гра

kocka

кубик

modelový vláčik

модель залізнична станція

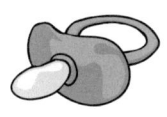

cumlík

соска

párty

вечірка

obrázková kniha

книжка з картинками

lopta

м'яч

bábika

лялька

hrať sa

грати

pieskovisko

пісочниця

hojdačka

гойдалка

hračky

іграшка

hracia konzola

гральна консоль

trojkolka

триколісний велосипед

medvedík

плюшевий мішка

šatník

шафа

## šatstvo

## одяг

ponožky

шкарпетки

pančuchy

панчохи

pančuchové nohavičky

колготки

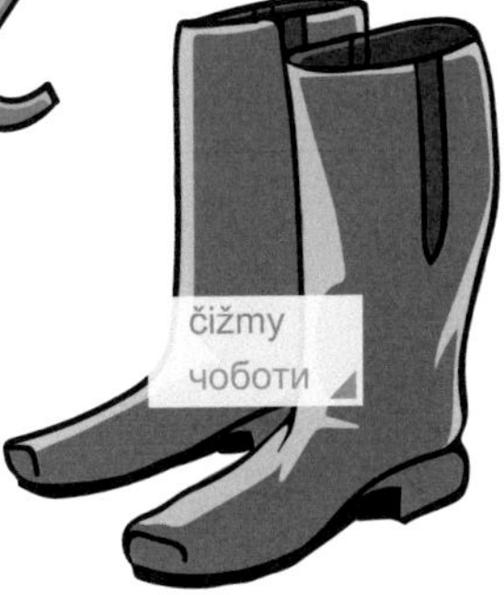

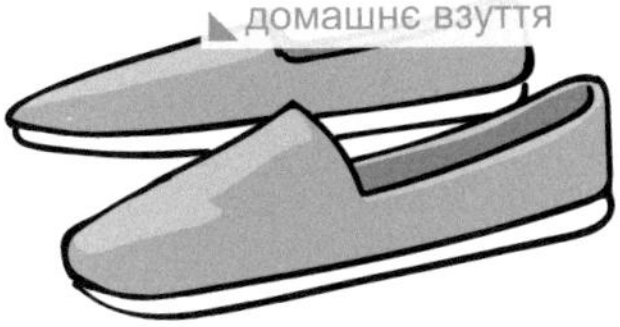

šál
шарф

opasok
ремінь

dáždnik
парасоля

tričko
футболка

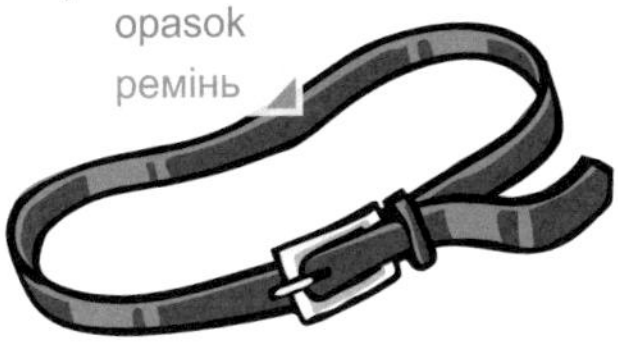

čižmy
чоботи

papuče
домашнє взуття

tenisky
кросівки

sandále
............
сандалі

topánky
............
взуття

gumáky
............
гумові чоботи

spodky
............
труси

podprsenka
............
бюстгальтер

tielko
............
нижня сорочка

body

боді

nohavice

штани

džínsy

джинси

sukňa

спідниця

blúzka

блузка

košeľa

сорочка

pulóver

пуловер

sveter

светр

blejzer

піджак

bunda

куртка

kabát

пальто

pršiplášť

дощовик

kostým

костюм

šaty

сукня

svadobné šaty

весільна сукня

oblek

костюм

nočná košeľa

нічна сорочка

pyžamo

піжама

sari

сарі

šatka na hlavu

головна хустка

turban

чалма

burka

бурка

kaftan

кафтан

abaja

абая

dvojdielne plavky

купальник

plavky

плавки

šortky

шорти

teplákova súprava

тренувальний костюм

zástera

фартух

rukavice

рукавички

gombík

гудзик

okuliare

окуляри

náramok

браслет

retiazka

ланцюг

prsteň

кільце

náušnica

сережка

čiapka

шапка

vešiak

плічка

klobúk

капелюх

kravata

краватка

zips

застібка-блискавка

prilba

шолом

traky

підтяжки

školská uniforma

шкільна форма

uniforma

уніформа

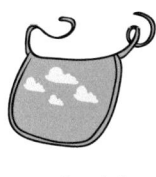

podbradník

нагрудник

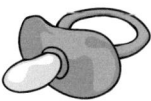

cumlík

соска

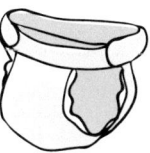

plienka

підгузок

# kancelária

## офіс

server
сервер
skriňa na spisy
шаф для документів
tlačiareň
принтер
papier
папір
monitor
монітор
myš
миша
písací stôl
письмовий стіл
zakladač
папка
klávesnica
синтезатор
kôš na papier
кошик для паперу
počítač
комп'ютер
stolička
стілець

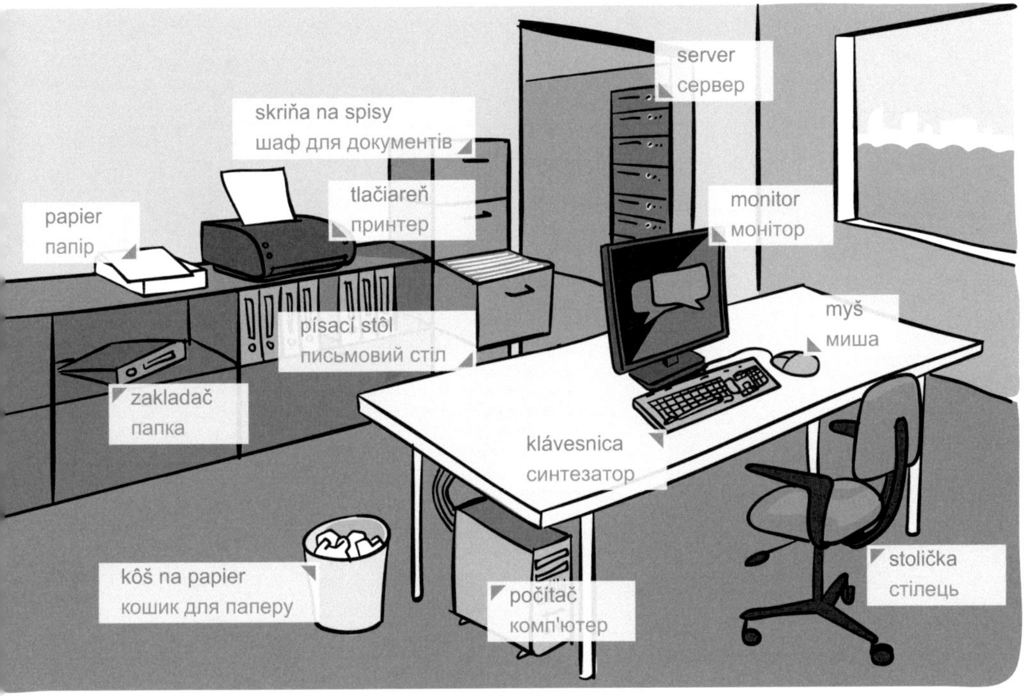

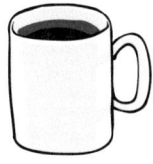

hrnček na kávu

кавовий кухоль

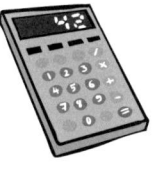

kalkulačka

калькулятор

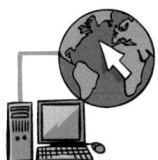

internet

інтернет

laptop

ноутбук

list

лист

správa

повідомлення

mobil

мобільний телефон

sieť

мережа

kopírka

копіювальний пристрій

softvér

програмне забезпечення

telefón

телефон

elektrická zásuvka

розетка

fax

факс

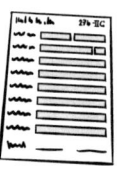

formulár

бланк

doklad

документ

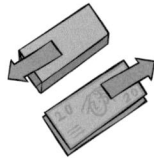

kúpiť

купувати

platiť

платити

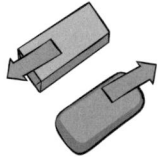

obchodovať

торгувати

peniaze

гроші

dolár

долар

euro

євро

jen

ієна

rubeľ

рубль

švajčiarsky frank

франк

čínsky jüan

юанів женьміньбі

rupia

рупія

bankomat

банкомат

zmenáreň

обмінний пункт

zlato

золото

striebro

срібло

ropa

нафта

energia

енергія

cena

ціна

zmluva

контракт

daň

податок

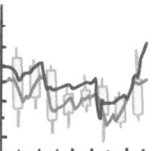

akcia

акція

pracovať

працювати

zamestnanec

працівник

zamestnávateľ

роботодавець

továreň

фабрика

obchod

магазин

# povolania
# професії

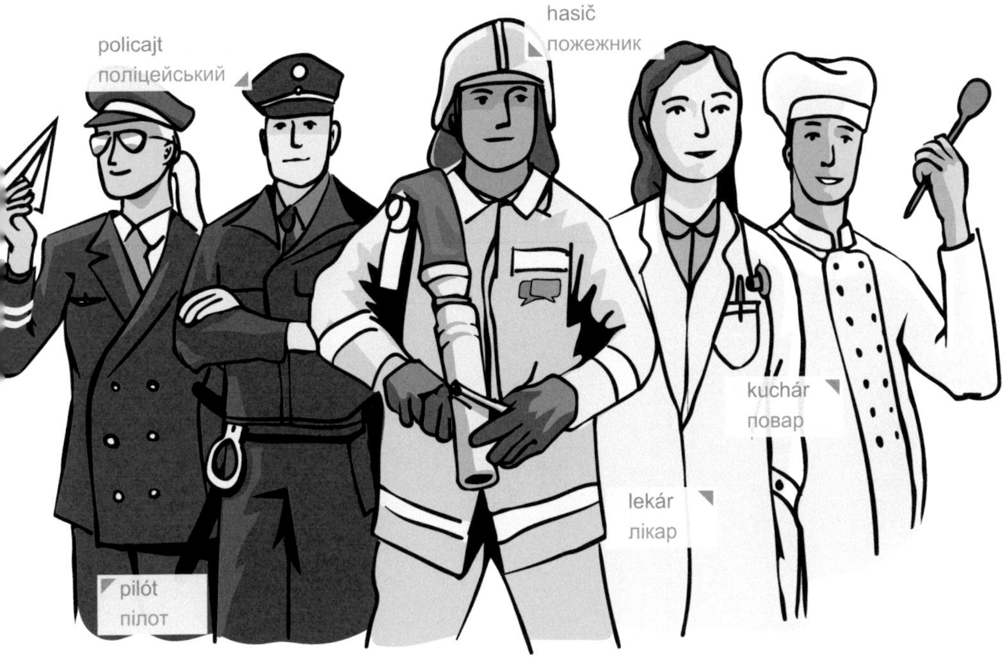
hasič
пожежник
policajt
поліцейський
kuchár
повар
lekár
лікар
pilót
пілот

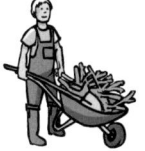

záhradník

садівник

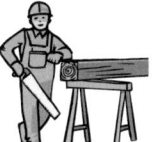

stolár

столяр

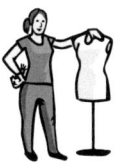

krajčírka

швачка

sudca

суддя

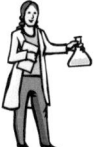

chemik

хімік

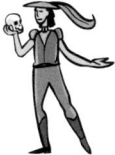

herec

актор

vodič autobusu

водій автобуса

taxikár

таксист

rybár

рибалка

upratovačka

прибиральниця

pokrývač

покрівельник

čašník

офіціант

poľovník

мисливець

maliar

художник

pekár

пекар

elektrikár

електрик

stavebný robotník

будівельник

inžinier

інженер

mäsiar

забійник

klampiar

бляхар

poštár

листоноша

vojak

солдат

architekt

архітектор

pokladník

касир

kvetinár

флорист

kaderník

перукар

sprievodca

кондуктор

mechanik

механік

kapitán

капітан

zubár

дантист

vedec

вчений

rabín

рабин

imám

імам

mních

монах

farár

пастор

# náradie
# інструменти

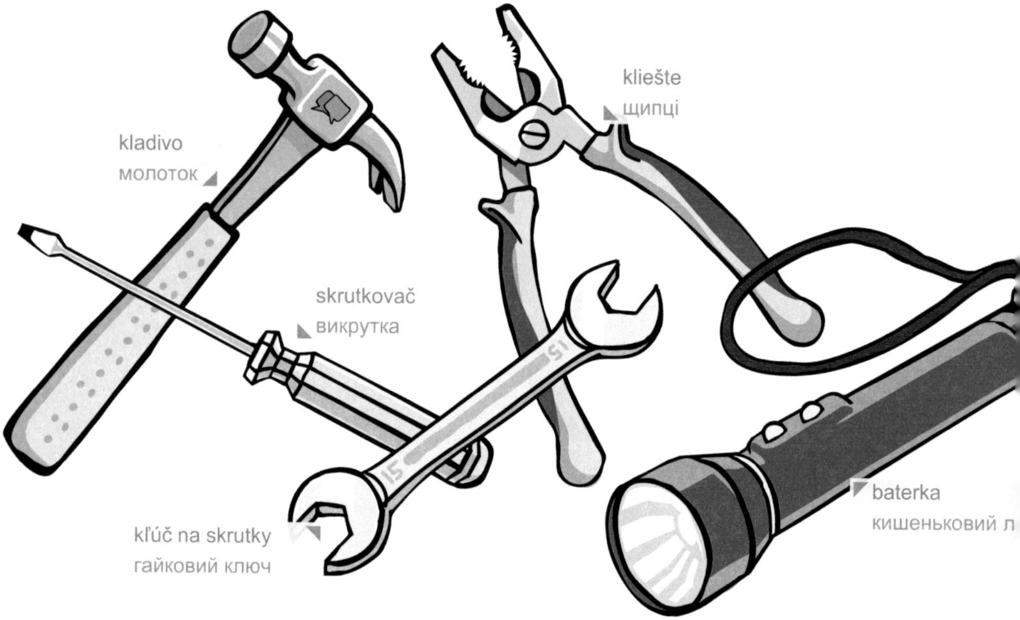
kladivo
молоток
kliešte
щипці
skrutkovač
викрутка
kľúč na skrutky
гайковий ключ
baterka
кишеньковий л

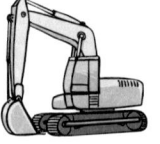

bager

екскаватор

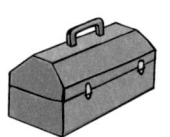

súprava náradia

ящик для інструментів

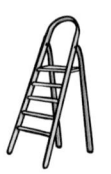

rebrík

драбина

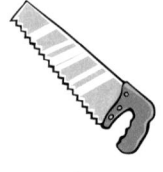

pílka

пилка

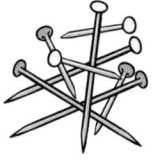

klince

цвяхи

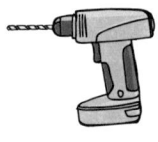

vrták

свердло

opraviť

ремонтувати

lopata

лопата

Do čerta!

лайно!

lopatka na smeti

совок

nádoba s farbou

відро з фарбою

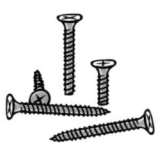

skrutky

гвинти

## hudobné nástroje
## музичні інструменти

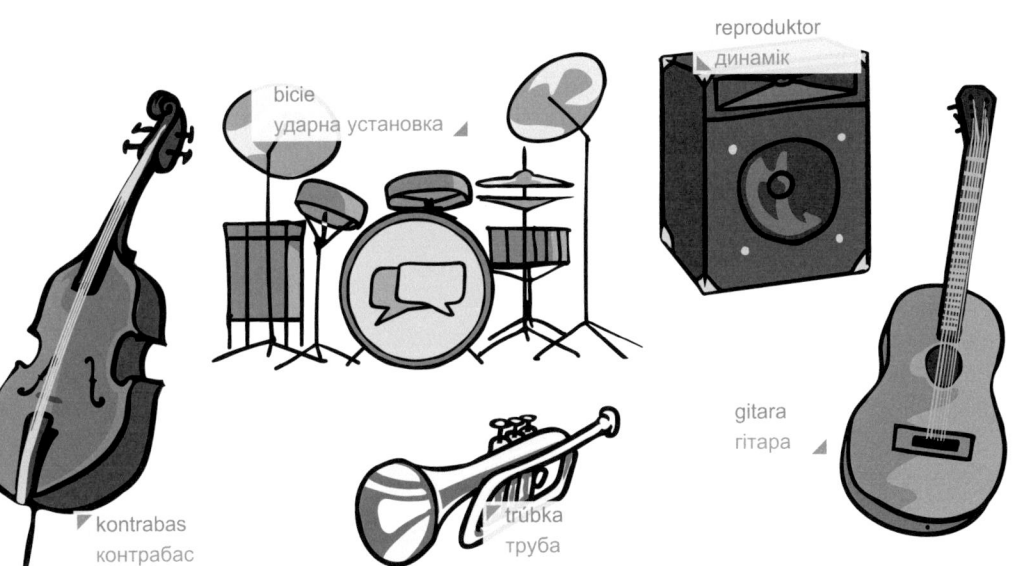

reproduktor
динамік

bicie
ударна установка

kontrabas
контрабас

trúbka
труба

gitara
гітара

klavír
фортепіано

husle
скрипка

basa
бас

tympany
литаври

bubon
барабан

klávesnica
клавіатура

saxofón
саксофон

flauta
флейта

mikrofón
мікрофон

# ZOO
## зоопарк

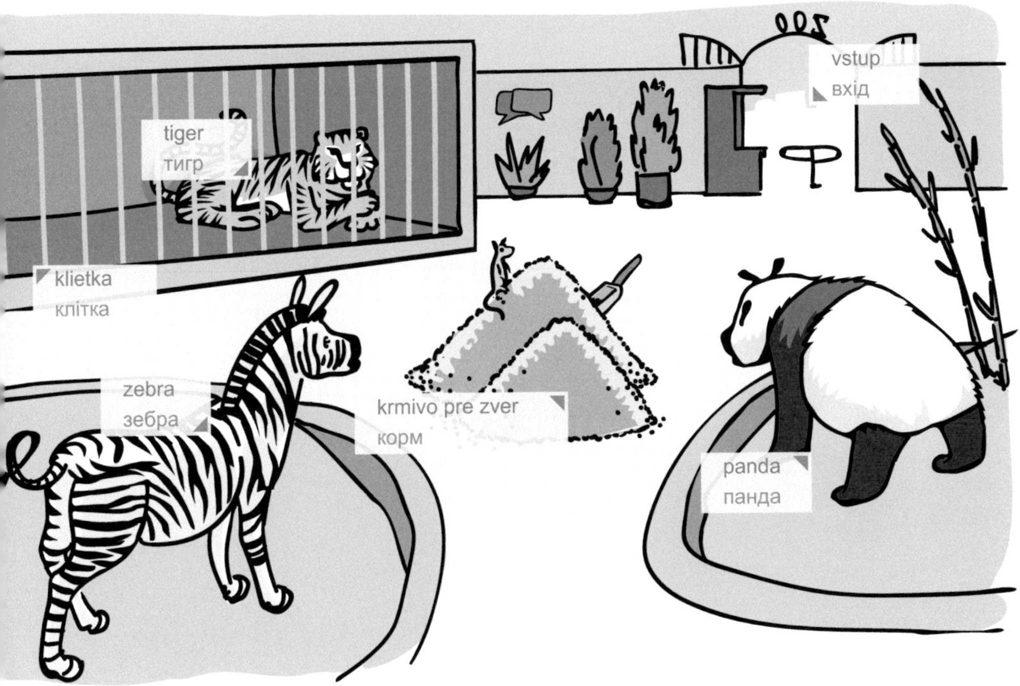

vstup
вхід
tiger
тигр
klietka
клітка
zebra
зебра
krmivo pre zver
корм
panda
панда


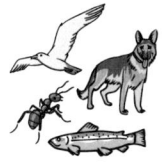

zvieratá

тварини

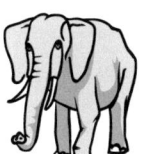

slon

слон

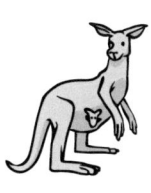

klokan

кенгуру

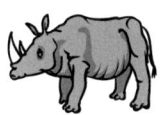

nosorožec

носоріг

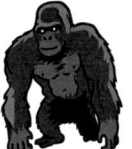

gorila

горила

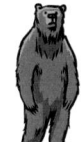

medveď

ведмідь

ťava

верблюд

pštros

страус

lev

лев

opica

мавпа

plameniak

фламінго

papagáj

папуга

ľadový medveď

білий ведмідь

tučniak

пінгвін

žralok

акула

páv

павич

had

змія

krokodíl

крокодил

ošetrovateľ v ZOO

працівник зоопарку

tuleň

тюлень

jaguár

ягуар

poník

поні

leopard

леопард

hroch

гіпопотам

žirafa

жираф

orol

орел

diviak

кабан

ryba

риба

korytnačka

черепаха

mrož

морж

líška

лисиця

gazela

газель

ZOO - зоопарк

americký futbal
американський футбол

cyklistika
їзда на велосипеді

tenis
теніс

basketbal
баскетбол

plávanie
плавання

box
бокс

hokej
хокей

futbal
футбол

bedminton
бадмінтон

ľahká atletika
легка атлетика

hádzaná
гандбол

lyžovanie
лижні перегони

pólo
поло

skočiť
стрибати

objať
обіймати

smiať sa
сміятися

chodiť
йти

spievať
співати

snívať
мріяти

modliť sa
молитися

pobozkať
цілувати

písať
писати

kresliť
малювати

ukázať
показувати

tlačiť
тиснути

dať
давати

brať
брати

mať

мати

robiť

робити

byť

бути

stáť

стояти

bežať

бігати

ťahať

тягнути

hádzať

кидати

padnúť

падати

ležať

лежати

čakať

очікувати

nosiť

носити

sedieť

сидіти

obliecť sa

одягати

spať

спати

zobudiť sa

просипатися

pozerať

дивитися

plakať

плакати

hladkať

гладити

česať

розчісувати

hovoriť

розмовляти

rozumieť

розуміти

pýtať sa

питати

počuť

слухати

piť

пити

jesť

їсти

upratať

прибирати

milovať

любити

variť

варити

jazdiť

їхати

letieť

літати

plachtiť

йти під вітрилом

počítať

рахувати

čítať

читати

učiť sa

вчитися

pracovať

працювати

oženiť

одружуватися

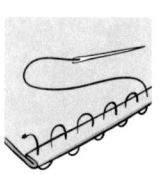

šiť

шити

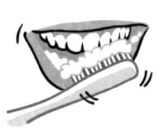

čistiť zuby

чистити зуби

zabiť

убивати

fajčiť

курити

poslať

посилати

# rodina
# сім'я

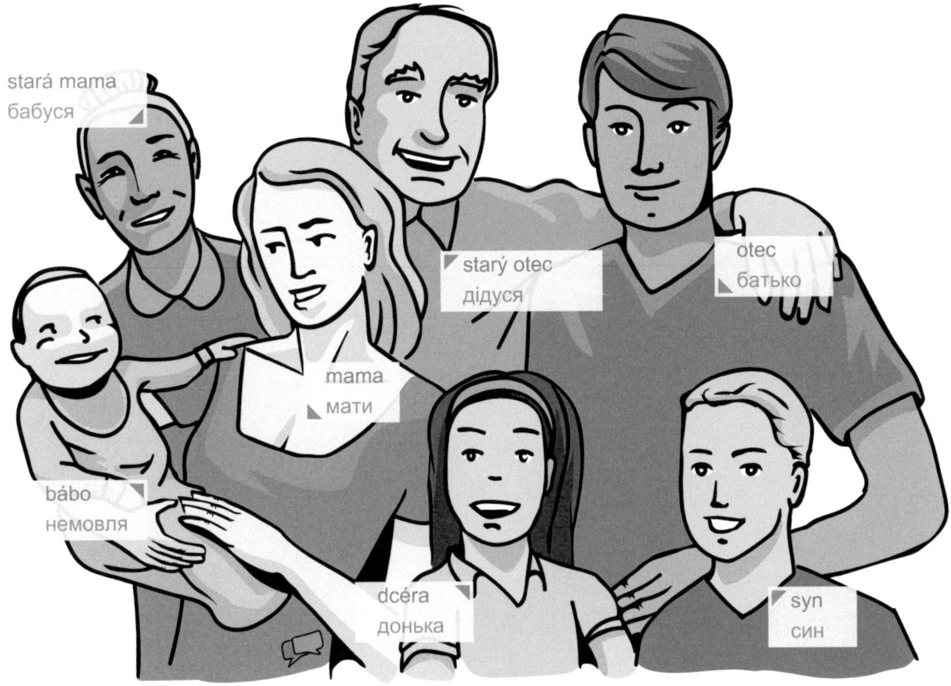

stará mama
бабуся
starý otec
дідуся
otec
батько
mama
мати
bábo
немовля
dcéra
донька
syn
син


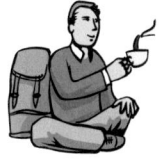

hosť

гість

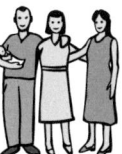

teta

тітка

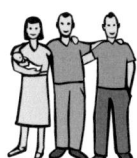

strýko

дядько

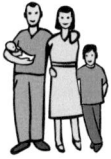

brat

брат

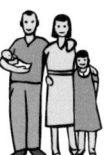

sestra

сестра

# telo
# тіло

čelo
чоло
oko
око
plece
плече
prst
палець
tvár
обличчя
brada
підборіддя
ruka
кисть
hruď
груди
noha
нога
rameno
рука


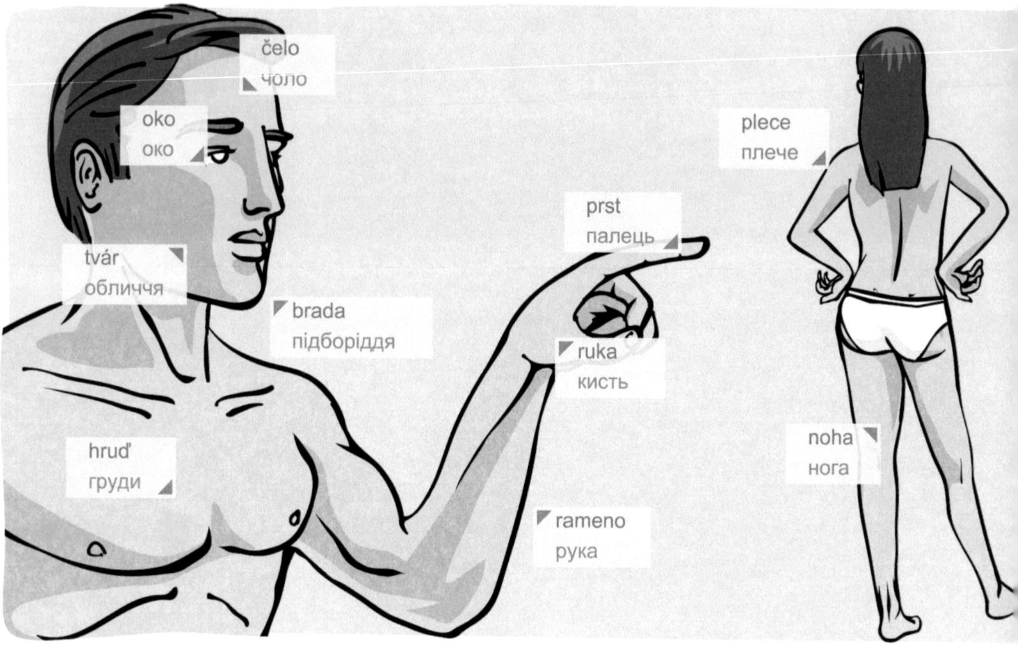

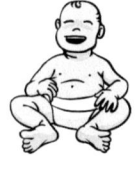

bábo
немовля

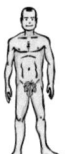

muž
чоловік

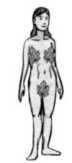

žena
жінка

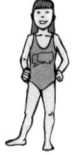

dievča
дівчина

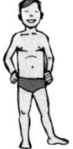

chlapec
хлопчик

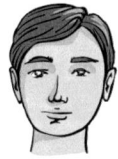

hlava
голова

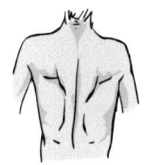

chrbát

спина

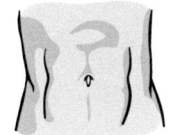

brucho

живіт

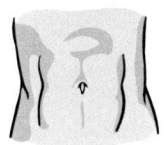

pupok

пуп

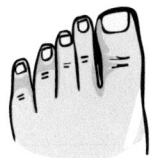

prst na nohe

палець ноги

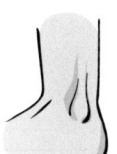

päta

п'ята

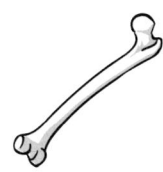

kosť

кістка

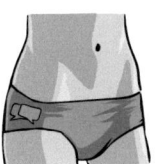

bok

стегно

koleno

коліно

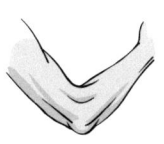

lakeť

лікоть

nos

ніс

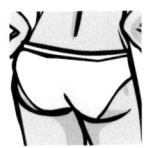

zadok

сідниці

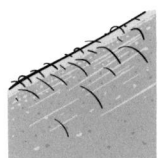

koža

шкіра

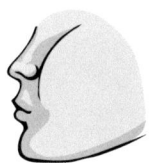

líce

щока

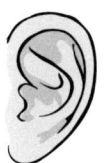

ucho

вухо

pery

губа

ústa

рот

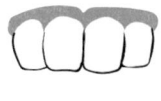

zub

зуб

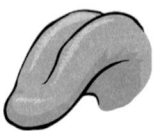

jazyk

язик

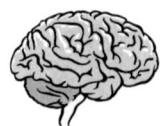

mozog

мозок

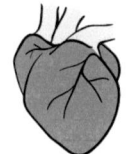

srdce

серце

svaly

м'яз

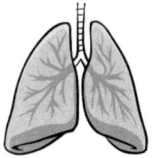

pľúca

легені

pečeň

печінка

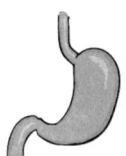

žalúdok

шлунок

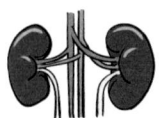

obličky

нирки

pohlavný styk

статевий акт

kondóm

презерватив

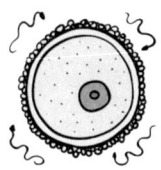

vaječná bunka

яйцеклітина

semeno

сперма

tehotenstvo

вагітність

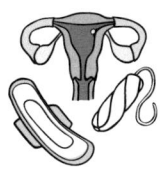

menštruácia

менструація

vagína

вагіна

penis

пеніс

obočie

брова

vlasy

волосся

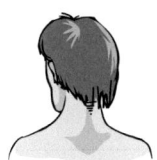

krk

шия

# nemocnica
# лікарня

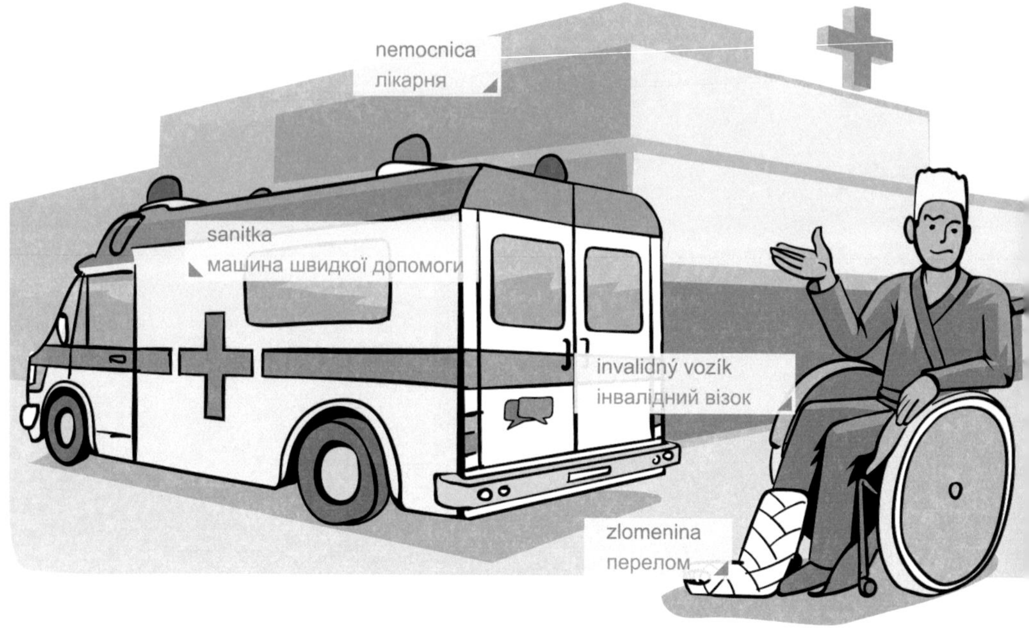

nemocnica
лікарня
sanitka
машина швидкої допомоги
invalidný vozík
інвалідний візок
zlomenina
перелом


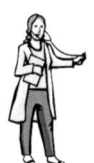

lekár

лікар

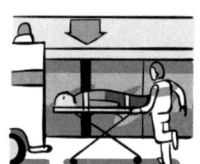

urgentný príjem

відділення швидкої медичної допомоги

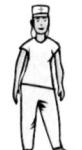

sestrička

медсестра

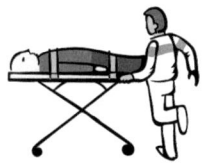

urgentný prípad

аварійний випадок

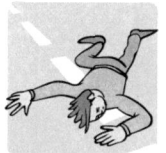

v bezvedomí

непритомний

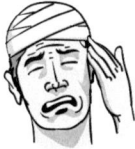

bolesť

біль

zranenie

травма

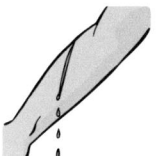

krvácanie

кровотеча

srdcový infarkt

інфаркт

mozgová porážka

інсульт

alergia

алергія

kašeľ

кашель

teplota

лихоманка

chrípka

грип

hnačka

пронос

bolesť hlavy

головна біль

rakovina

рак

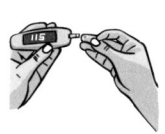

cukrovka

діабет

chirurg

хірург

skalpel

скальпель

operácia

операція

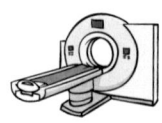

CT

КТ

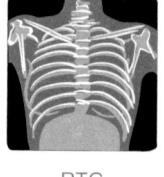

RTG

рентген

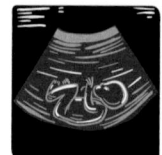

ultrazvuk

ультразвук

maska

маска

choroba

хвороба

čakáreň

зал очікування

barla

милиця

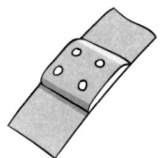

náplasť

пластир

obväz

пов'язка

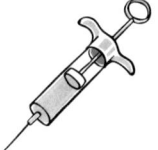

injekcia

ін'єкція

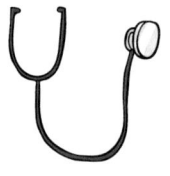

fonendoskop

стетоскоп

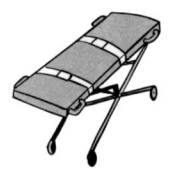

nosidlá

ноші

teplomer

термометр

pôrod

народження

nadváha

надмірна вага

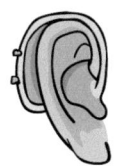

audiofón

слуховий апарат

dezinfekčný prostriedok

дезінфікуючий засіб

infekcia

інфекція

vírus

вірус

HIV / AIDS

ВІЛ / СНІД

medicína

медицина

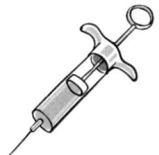

očkovanie

вакцинація

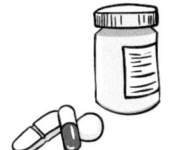

tabletky

таблетки

antikoncepčná pilulka

протизаплідна пігулка

tiesňové volanie

екстрений виклик

tlakomer

тонометр

chorý / zdravý

хворий / здоровий

Pomoc!

Допоможіть!

alarm

сигнал тривоги

prepad

напад

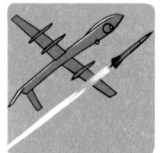

útok

атака

nebezpečenstvo

небезпека

núdzový východ

аварійний вихід

Horí!

Вогонь!

hasičský prístroj

вогнегасник

nehoda

аварія

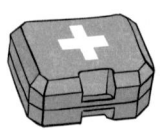

kufrík prvej pomoci

аптечка

SOS

СОС

polícia

поліція

Európa

Європа

Severná Amerika

Північна Америка

Južná Amerika

Південна Америка

Afrika

Африка

Ázia

Азія

Austrália

Австралія

Atlantický oceán

Атлантика

Tichý oceán

Тихий океан

Indický oceán

Індійський океан

Južný oceán

Антарктичний океан

Severný ľadový oceán

Північний Льодовитий
океан

Severný pól

Північний полюс

Južný pól

Південний полюс

Antarktída

Антарктика

Zem

Земля

krajina

суша

more

море

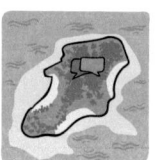

ostrov

острів

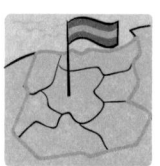

národ

нація

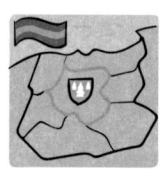

štát

держава

ciferník

циферблат

hodinová ručička

годинникова стрілка

minútová ručička

хвилинна стрілка

sekundová ručička

секундна стрілка

Koľko je hodín?

Котра година?

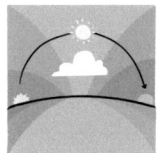

deň

день

čas

час

teraz

зараз

digitálne hodiny

цифровий годинник

minúta

хвилина

hodina

година

# týždeň
## тиждень

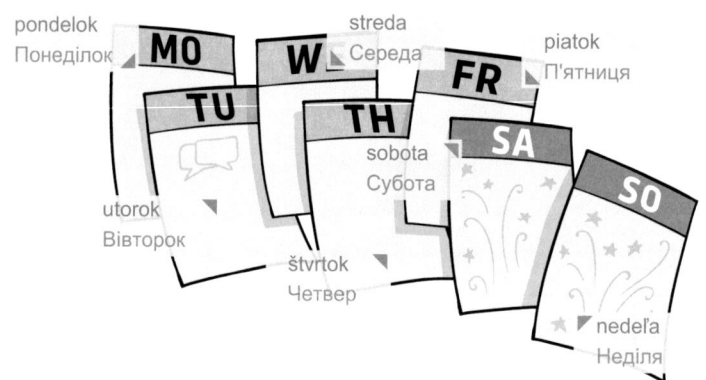

pondelok
Понеділок

streda
Середа

piatok
П'ятниця

utorok
Вівторок

štvrtok
Четвер

sobota
Субота

nedeľa
Неділя

včera

вчора

dnes

сьогодні

zajtra

завтра

ráno

ранок

poludnie

опівдні

večer

вечір

| MO | TU | WE | TH | FR | SA | SU |
|----|----|----|----|----|----|----|
| 1 | 2 | 3 | 4 | 5 | 6 | 7 |
| 8 | 9 | 10 | 11 | 12 | 13 | 14 |
| 15 | 16 | 17 | 18 | 19 | 20 | 21 |
| 22 | 23 | 24 | 25 | 26 | 27 | 28 |
| 29 | 30 | 31 | 1 | 2 | 3 | 4 |

pracovné dni

робочі дні

| MO | TU | WE | TH | FR | SA | SU |
|----|----|----|----|----|----|----|
| 1 | 2 | 3 | 4 | 5 | 6 | 7 |
| 8 | 9 | 10 | 11 | 12 | 13 | 14 |
| 15 | 16 | 17 | 18 | 19 | 20 | 21 |
| 22 | 23 | 24 | 25 | 26 | 27 | 28 |
| 29 | 30 | 31 | 1 | 2 | 3 | 4 |

víkend

кінець робочого тижня

dážď
дощ

dúha
веселка

vietor
вітер

sneh
сніг

jar
весна

jeseň
осінь

leto
літо

zima
зима

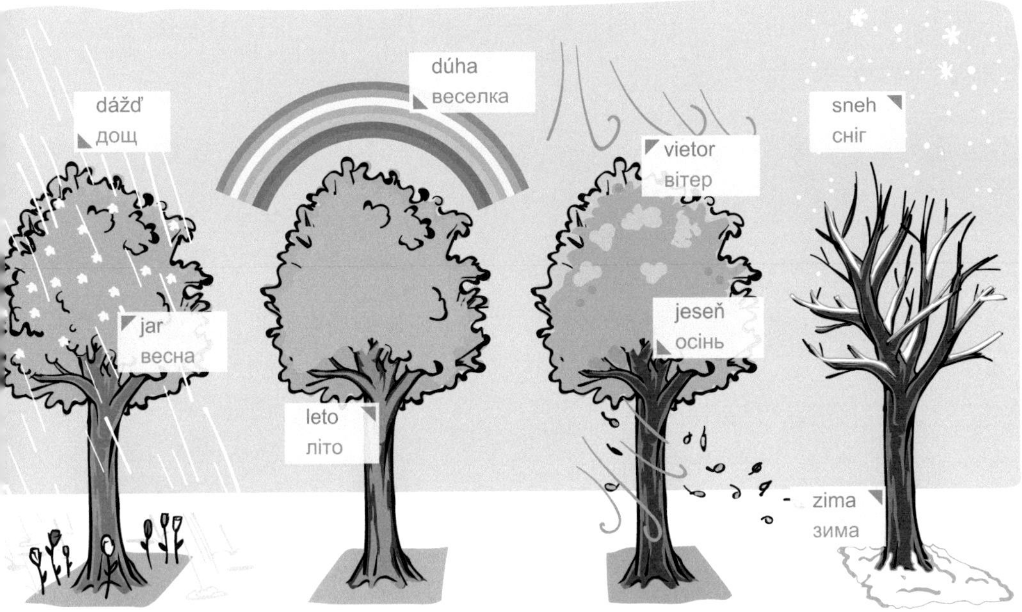

predpoveď počasia

прогноз погоди

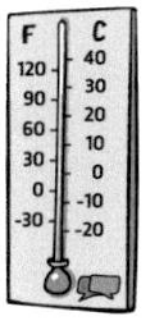

teplomer

термометр

slnečný svit

сонячне світло

oblak

хмара

hmla

туман

vlhkosť vzduchu

вологість повітря

blesk

блискавка

hrom

грім

búrka

шторм

krúpy

град

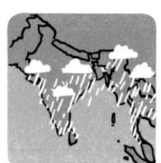

monzún

мусон

záplava

повінь

ľad

лід

január

Січень

február

Лютий

marec

Березень

apríl

Квітень

máj

Травень

jún

Червень

júl

Липень

august

Серпень

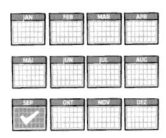

september

Вересень

október

Жовтень

november

Листопад

december

Грудень

## tvary

## форми

kruh

круг

štvorec

квадрат

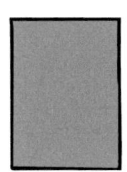

obdĺžnik

прямокутник

trojuholník

трикутник

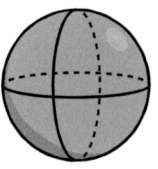

guľa

куля

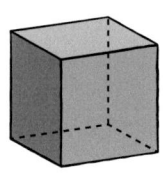

kocka

куб

biela

білий

žltá

жовтий

oranžová

помаранчевий

ružová

рожевий

červená

червоний

fialová

фіолетовий

modrá

синій

zelená

зелений

hnedá

коричневий

šedá

сірий

čierna

чорний

veľa / málo

багато / мало

zúrivý / pokojný

лютий / мирний

pekný / škaredý

гарний / бридкий

začiatok / koniec

початок / кінець

veľký / malý

великий / малий

svetlý / tmavý

світлий / темний

brat / sestra

брат / сестра

čistý / špinavý

чистий / брудний

úplný / neúplný

завершений /
незавершений

deň / noc

день / ніч

mŕtvy / živý

мертвий / живий

široký / úzky

широкий / вузький

chutný / nechutný

їстівний / неїстівний

zlostný / láskavý

злий / дружній

vzrušený / unudený

збуджений / нудьгуючий

tlstý / chudý

товстий / тонкий

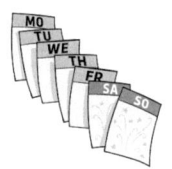

prvý / posledný

спочатку / востаннє

priateľ / nepriateľ

друг / ворог

plný / prázdny

повний / порожній

tvrdý / mäkký

жорсткий / м'який

ťažký / ľahký

важкий / легкий

hlad / smäd

голод / спрага

chorý / zdravý

хворий / здоровий

nelegálny / legálny

незаконний / законний

inteligentný / hlúpy

розумний / дурний

vľavo / vpravo

вліво / вправо

blízko / ďaleko

поруч / далеко

nový / použitý

нови́й / використаний

nič / niečo

нічого / щось

starý / mladý

старий / молодий

zapnuté / vypnuté

вкл / викл

otvorené / zatvorené

відкрито / закрито

tichý / hlasný

тихо / гучно

bohatý / chudobný

багатий / бідний

správne / nesprávne

правильно / неправильно

drsný / hladký

шорсткий / гладкий

smutný / šťastný

сумний / щасливий

krátky / dlhý

короткий / довгий

pomaly / rýchlo

повільно / швидко

mokrý / suchý

вологий / сухий

teplý / studený

гарячий / холодний

vojna / mier

війна / мир

# čísla

## числа

**0**
nula
нуль

**1**
jeden
один

**2**
dva
два

**3**
tri
три

**4**
štyri
чотири

**5**
päť
п'ять

**6**
šesť
шість

**7**
sedem
сім

**8**
osem
вісім

**9**
deväť
дев'ять

**10**
desať
десять

**11**
jedenásť
одинадцять

**12**

dvanásť

дванадцять

**13**

trinásť

тринадцять

**14**

štrnásť

чотирнадцять

**15**

pätnásť

п'ятнадцять

**16**

šestnásť

шістнадцять

**17**

sedemnásť

сімнадцять

**18**

osemnásť

вісімнадцять

**19**

devätnásť

дев'ятнадцять

**20**

dvadsať

двадцять

**100**

sto

сто

**1.000**

tisíc

тисяча

**1.000.000**

milión

мільйон

angličtina

англійська

americká angličtina

американська англійська

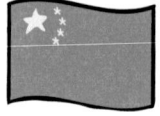

mandarínska čínština

китайська
високочиновницька

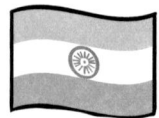

hindčina

хінді

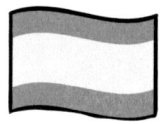

španielčina

іспанська

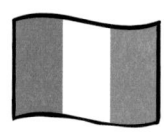

francúzština

французька

arabčina

арабська

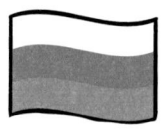

ruština

російська

portugalčina

португальська

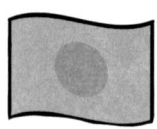

bengálčina

бенгальська

nemčina

німецька

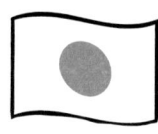

japončina

японська

ja

я

ty

ти

on/ona/ono

він / вона / воно

my

ми

vy

ви

oni

вони

kto?

хто?

čo?

що?

ako?

як?

kde?

де?

kedy?

коли?

meno

ім'я

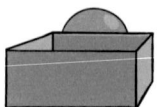

za
.............
ззаду

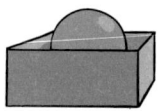

v
.............
в

pred
.............
перед

nad
.............
над

na
.............
на

pod
.............
під

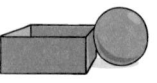

vedľa
.............
біля

medzi
.............
між

miesto
.............
місце